La librairie Franklin a succédé à M. Emmanuel Vauchez pour la publication des **Petits livres à trois sous.** *Profondément dévoué aux idées de progrès, l'éditeur continuera, pour cette série comme pour ses autres publications, à offrir les plus grandes facilités aux amis de l'instruction qui voudraient les répandre.*

Henry BELLAIRE.

Magny en Vexin. — Imp. O. Petit.

LES IDÉES

DE

JEAN-FRANÇOIS

VII

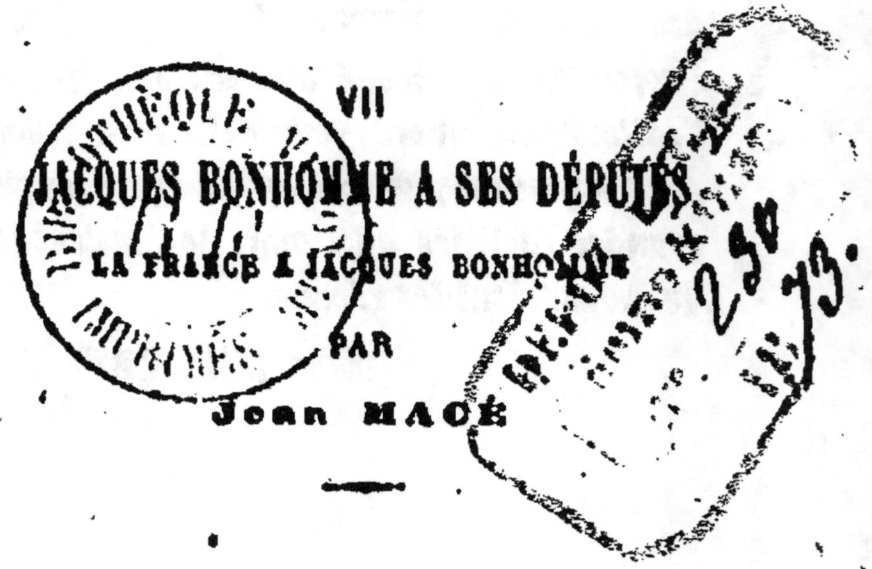

JACQUES BONHOMME A SES DÉPUTÉS

LA FRANCE A JACQUES BONHOMME

PAR

Jean MACÉ

PARIS

LIBRAIRIE FRANKLIN

HENRY BELLAIRE, ÉDITEUR

11, rue des Saints-Pères, 11

1873

SOCIÉTÉ DES AMIS DE LA PAIX

SECRÉTARIAT : 71, RUE DES SAINTS-PÈRES

« Travail. — Justice. — Arbitrage. »

Extraits des Statuts

ART. I. — La *Société des Amis de la Paix* a pour objet la propagande et la défense des grands principes d'indépendance des nations, de justice et de respect mutuel, proclamés dans la déclaration collective du 27 mai 1867, principes dont la consécration pratique se trouve dans la substitution de l'Arbitrage aux solutions violentes de la guerre, et dans la promulgation d'un CODE des nations, qui amènerait la proclamation des **Droits des Peuples.**

ART. II. — La *Société* se compose :
1° De *Membres fondateurs* ;
2° De *Sociétaires* ;
3° D'*Adhérents.*

ART. III. — Les *Membres fondateurs* sont pris parmi ceux qui ont déjà opéré ou qui opéreront un versement de *cent francs* au moins, au profit de la *Société.* Ils se recrutent eux-mêmes.

ART. VI. — Pour devenir *Sociétaire*, il faut être admis comme tel par le Conseil d'Administration. Le chiffre de la cotisation annuelle est fixé à *dix francs* au moins, qui devront être versés dans le cours de janvier de chaque année entre les mains du Trésorier de la *Société.*

Le chiffre de cette cotisation sera réduit de moitié pour les Instituteurs et les Ministres des Cultes.

ART. VII. — Pour être *Adhérent*, il suffit de verser une cotisation annuelle de *un franc* au moins.

S'adresser à M. Henry Bellaire, secrétaire
71, rue des Saints-Pères, 71

LES IDÉES

DE

JEAN-FRANÇOIS

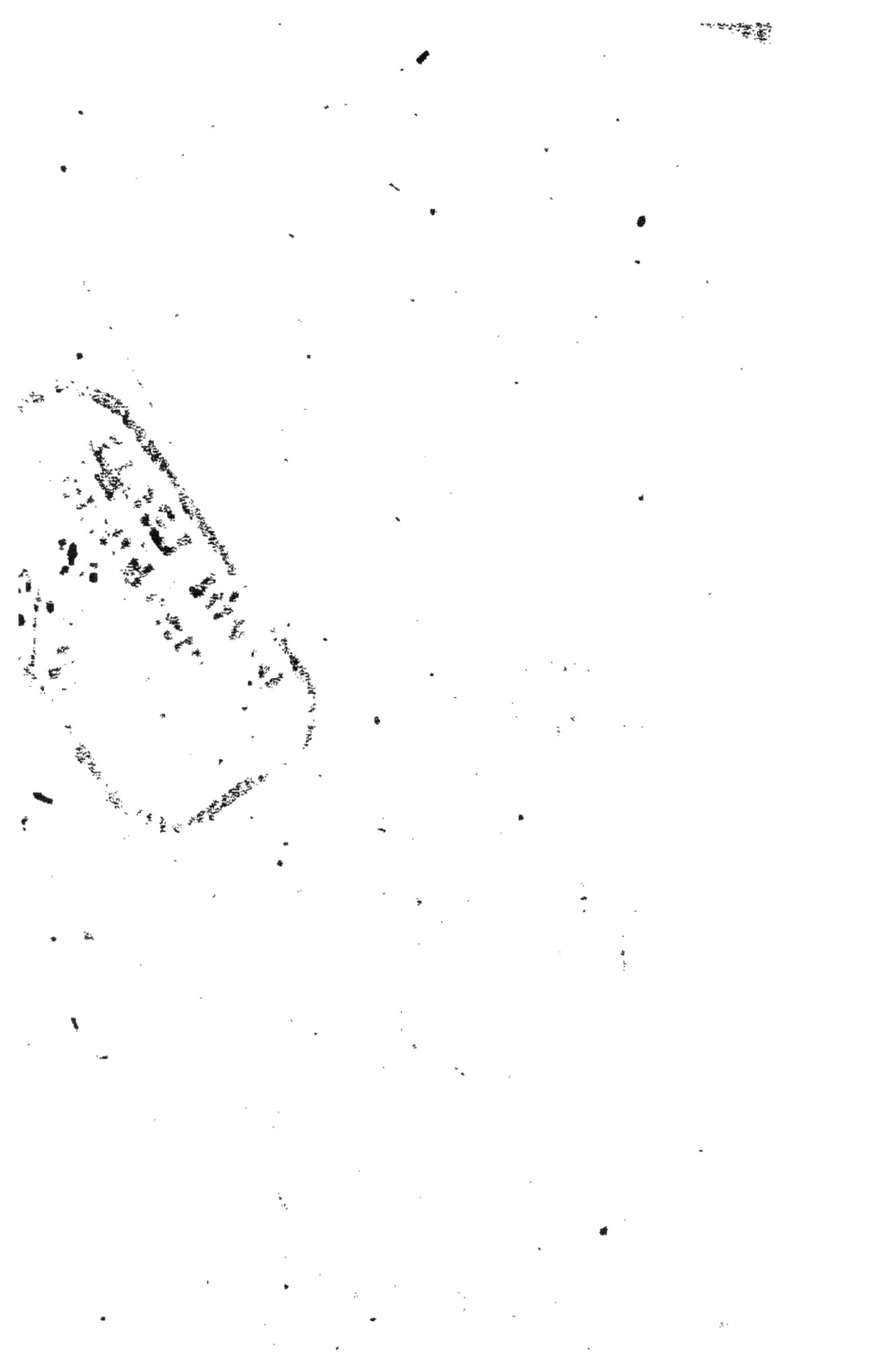

I

JACQUES BONHOMME

A SES DÉPUTÉS

———

Est-ce bien vrai, mes chers messieurs, ce que l'on raconte de vous?

On me dit que vous vous êtes mis en tête de me rogner mes droits électoraux, et qu'on ne se gêne pas parmi vous autres pour déclarer

que le suffrage universel est
la maladie dont la France se
meurt.

Ce sont des menteries,
n'est-ce pas? Si vous pensiez
ces choses-là, vous m'en auriez parlé, bien sûr, il y a.
deux ans, quand vous êtes
venus vous offrir à moi, la
bouche en cœur, les mains
tendues pour serrer la mien-
ne. Je n'ai pas eu le temps de
l'oublier : les oreilles me
tintent encore de vos com-
pliments·

Le suffrage universel, une

maladie de la France, et mortelle par-dessus le marché! On ne me fera pas croire qu'un mot pareil ait pu se lâcher devant ses élus, devant les miens, c'est tout un. Si nous ne sommes rien qui vaille, lui et moi, qu'êtes vous donc, vous autres, dont tout le pouvoir vient de nous? Aller vous dire en face que la France se meurt de nos œuvres, je voudrais bien savoir quel est l'impertinent qui aurait osé se le permettre? Nos œuvres, c'est vous.

J'aurais pu, j'en conviens, mieux travailler. C'est assez mon avis à l'heure qu'il est, et l'on prétend même qu'il ne faut pas chercher ailleurs la raison du mauvais tour que vous vous proposeriez de me jouer. Il y a un gros monsieur, qu'on m'a nommé, qui aurait prédit le *triomphe légal* de ceux qui ne sont pas contents de vous, comme l'almanach prédit pluie et tempêtes. Ce serait là, d'après lui « un mal sans remède. »

Voyez-vous cela !

Je vois bien, moi, un remède au mal que j'ai pu faire en vous nommant, c'est d'en nommer d'autres. Pourquoi voulez-vous que ce remède-là ne puisse plus servir, si j'allais avoir encore cette fois la main malheureuse ?

Me jeter d'avance la pierre à propos des choix que je suis censé couver dans ma tête, on n'y pense pas chez vous, je l'espère bien. Que deviendriez-vous au milieu de ce pays si las de vous que vous en convenez vous-mêmes, si vous n'étiez couverts par le respect dû à mes choix, même quand on n'en est pas satisfait. En vous insurgeant dès à présent, avant de les connaître, contre ceux que je pourrai faire demain, ne sentez-vous pas que vous enlèveriez de vos propres mains toute autorité à ceux que j'ai faits hier dans vos personnes ? Mon droit d'hier et celui de demain ne font qu'un seul et même droit, et qui s'appuie sur l'un serait bien fou de démolir l'autre.

Soyons de bon compte. A quoi cela pourrait-il vous servir de réglementer maintenant le suffrage universel de façon à vous débarrasser des électeurs que vous vous attendez à trouver gênants dans quelques mois d'ici ?

Vous ne pouvez pas avoir la prétention de faire une loi qui retourne en arrière, et qui biffe des listes électorales ceux qui sont déjà inscrits dessus. Ils auraient été bons pour vous nommer et ne le seraient pas pour nommer vos successeurs ! C'est une idée trop biscornue pour qu'il puisse seulement en être question. Il est bien clair qu'ils vont être· justement mieux en état de choisir qu'il y a deux ans, puisqu'ils ont gagné dans l'intervalle une expérience qu'ils n'avaient pas, appris à connaître des hommes qu'ils ont nommés sans les connaître, par la raison bien simple que personne ne les connaissait.

Je ne vous parle pas des-

circonstances dans lesquelles vous avez été nommés; je ne veux pas vous en parler. Vous paraissez les avoir si bien oubliées que je me fâcherais peut-être plus qu'il n'est à propos. C'est bien le moins que je ne maltraite pas trop moi-même les hommes de mon choix, si je veux qu'on les respecte.

Revenons à la loi que vous pourriez faire.

Il est donc entendu qu'elle ne peut atteindre que les électeurs futurs. Ceux d'aujourd'hui, les vôtres, il vous est évidemment défendu d'y toucher. Ils sont en possession, et vous-mêmes vous n'existez que par eux. S'aviser de tailler là-dedans, ce serait par trop injuste, par trop ingrat, par trop insensé. Vous en auriez envie que vous n'oseriez pas.

Je ne comprends pas bien, dès lors, en quoi ceux d'entre vous qui sont menacés de rester sur le carreau, comme on dit, pourraient être sauvés par des malices qui n'au-

ront d'effet sérieux — le contraire est impossible — que
dans des années d'ici, alors
qu'on les aura mis à la porte,
s'ils doivent y être mis, depuis longtemps.

L'on m'a parlé, à propos de
cela, de je ne sais plus quelle
absurdité de trois ans de do-
micile qu'on voudrait exiger
comme condition indispen-
sable pour se faire inscrire
sur les listes électorales, ce
qui ferait deux catégories de
français privés de leurs droits
civiques : ceux qui auront

subi des condamnations in-
famantes et ceux qui auront
déménagé.

Les habiles gens qui ont eu
cette belle idée n'ont pas fait
attention à une petite chose,
c'est qu'au 1er octobre dernier
il y a eu en, Alsace-Lorraine,
un déménagement en grand,
et que les nouveaux emmé-
nagés ont bien été forcés de
quitter leurs anciens domi-
ciles sous peine de cesser
d'être Français. Et la France
les ferait attendre trois ans
avant de les reconnaître ci-

toyens français ! C'est cela qui serait du joli !

Voulez-vous que je vous dise ? Puisque vous y tenez décidément, à ce qu'il paraît, à faire votre loi électorale, laissez là, croyez-moi, les électeurs que vous ne saurez pas manier sans en casser, et occupez-vous plutôt des élus qui en ont grand besoin, à mon sens.

Cela me fâche à la fin, s'il faut vous le dire, de voir recommencer toujours la même comédie, d'être assiégé de candidats venant à moi, les mains pleines de promesses, et de leur faire crédit de mes votes sur des billets qu'ils oublient ensuite de payer.

Je ne sais pas trop ce que peut être ce mandat impératif que les uns réclament comme nécessaire, que les autres repoussent comme injurieux pour mes élus, prétendant qu'il en ferait des machines à voter. A vous parler franchement, je serais parfois bien embarrassé pour leur dire au juste ce qu'ils auraient à voter.

Ce que je sais, par exemple, c'est que les promesses signées par le candidat dans sa profession de foi doivent engager le député, comme sa signature au bas d'un effet engage le négociant qui n'est plus naturellement qu'une machine à payer, le jour de l'échéance, et ne se croit pas déshonoré pour cela.

Tout au contraire, il me semble, c'est le droit de ne pas payer qu'il croirait déshonorant, et pourquoi le

député penserait-il autre-
ment? Négociant ou député,
un honnête homme peut-il
être autre chose qu'une machine à tenir sa parole, quand
il l'a donnée ? A lui de voir
sur quoi, et dans quelle mesure, il entend la donner.

Ne pensez-vous pas qu'il
serait à propos d'introduire
dans la loi qui vous démange
un petit article, emprunté
au code de commerce, met-
tant en faillite le député qui
refuserait de faire honneur à
sa signature de candidat? Il

n'y a pas d'excuse ici. Si l'on a changé d'avis dans l'intervalle, on est toujours libre de se retirer des affaires.

J'aurais plaisir, je vous l'avoue, à voir la discussion s'engager entre vous sur cet article-là, dût-il ne pas être voté, comme j'en ai bien peur, pour cette fois, à tout le moins.

Cela me donnerait toujours un renseignement bon à consulter quand viendrait la réélection. Les adversaires de mon article pourraient, sans inconvénient me promettre plus de beurre que de pain dans leurs professions de foi : je saurais ce qu'en vaut l'aune.

Cela vous déplaît peut-être qu'on vous parle de professions de foi. C'est un mot qui vous reporte aux jours pénibles, si bien oubliés, où vous étiez mes serviteurs très-humbles, mes amis, mes admirateurs. Et dire que ces jours menacent de revenir, qu'il va falloir bientôt se mettre en nouveaux frais de compliments, et qui sait? courir le risque d'en être, à ce coup, pour ses frais! C'est dur, j'en conviens ; mais qu'y faire?

Voyez-vous, mes chers messieurs, vous aurez beau tourner autour du pot, faire des façons pour vous en aller, et m'appeler de tous les noms que la mauvaise humeur vous fera trouver, il n'en faudra pas moins prendre congé de votre Versailles, où vous finissez par vous croire tous des petits Louis XIV, et retourner devant moi pour me redemander la permission d'être mes maîtres, quitte à redevenir des Gros-Jean comme devant, si je ne veux plus de vous.

Traitez-moi maintenant du haut en bas tout à votre aise. Plus vous m'en direz, plus vous gâterez votre affaire.

On m'appelait *la canaille* sous vos Bourbons n° 1, *les Barbares* sous le n° 2, autre chose encore que je ne veux pas dire quand on a fait cette loi du 31 mai à qui vous avez dû l'empire. On m'appelle

aujourd'hui *le nombre* Canaille, barbares, nombre et
tout ce que vous voudrez, je
suis le maître ici : ni colères,
ni malices n'y feront rien. Ce
que le nombre vous a donné,
si le nombre vous l'ôte, il
vous restera bien la ressource
de le maudire; mais voilà
tout...

N'essayez pas d'aller plus
loin. Vous vous y casseriez
le nez, comme se l'est cassé
jusqu'à présent quiconque a
essayé de faire ce que j'avais
défendu, de défaire ce que

j'avais permis. Que j'aie eu toujours raison dans mes préférences, à Dieu ne plaise que je veuille m'en flatter : vous m'êtes une preuve trop évidente, pour laisser là les autres, que je puis me tromper. Mais quand vous serez bien sûrs que je me suis trompé, prenez-vous-y com-ceux qui me font tout l'effet d'être en passe de vous remplacer : arrangez-vous pour me le faire voir. Je n'ai pas de parti pris, et ne demande qu'à être éclairé sur ce qui mérite ou ne mérite pas ma confiance.

Cela vous fend le cœur de céder la place à d'autres. Consolez-vous ; quand ce sera leur tour de tenir la queue de la poële, ils sentiront, eux aussi, ce qu'elle pèse et je ne voudrais pas répondre qu'ils agiront toujours à ma guise. J'ai mes idées à moi, tout bon enfant que j'en ai l'air, et l'on ne me fait pas marcher plus vite que ne joue mon violon, pas plus qu'on ne m'empêche d'aller du côté qui me plaît..

S'ils me faisaient changer d'avis sur leur compte, on verrait peut-être à vous reprendre : c'est leur affaire.

Quant à moi, je suis bien tranquille là-dessus. Personne ne restera jamais mon maître qu'à la condition de me convenir. A me soutenir que je n'en ai pas le droit, et qu'on sait mieux que moi ce qu'il me faut, tous y perdront leur latin, les autres aussi bien que vous.

C'est pour cela que je ne

veux pas qu'on touche au suffrage universel. C'est mon gage de souveraineté, et je suis, ma foi, comme les autres souverains, comme ceux qui ont des couronnes sur la tête. Je sens bien que c'est un peu lourd à porter; mais je ne veux pas entendre parler d'en être débarrassé.

Mettez-vous cela bien avant dans l'esprit, messieurs mes élus, si avant qu'il ne puisse pas en sortir. Le pauvre Jacques Bonhomme du bon vieux temps, comme vous le dites, est mort et enterré, il y a beaux jours; mais je vois bien que vous ne vous en doutez pas. Il faut pourtant que je vous apprenne le vrai nom de celui à qui vous avez présentement affaire. Cela vous désapprendra peut-être tous les vilains noms que vous avez inventés pour lui.

Chapeau bas! messieurs, et saluez votre roi.

JACQUES Ier

II

LA FRANCE

A JACQUES BONHOMME

———

Tu le prends de bien haut, mon pauvre Jacques, avec les représentants que tu t'es donnés.

Écoute à ton tour.

Cela ne suffit pas de dire aux gens leurs vérités; il faut aussi se laisser dire les siennes, surtout quand on est souverain.

A quoi m'a servi jusqu'à présent cette souraineté dont je te vois si fier ?

Réponds. Qu'as-tu fait de la patrie tombée entre tes mains en février 1848 ?

C'est bientôt fait de déclarer qu'on est le maître et qu'on n'en fera qu'à sa tête. Les têtes couronnées sont obligées comme les autres, plus que les autres, de raisonner et de vouloir sagement, et il n'y a pas de souveraineté qui tienne contre la force des choses. Si bien assis que l'on se sente sur son siége de cocher, on brise ce que l'on conduit à le lancer étourdîment dans les casse-cous. Si je suis à terre aujourd'hui, brisée, mutilée, en danger de mort, à qui la faute, monsieur mon maître?

Té souvient-il de la nuit du 2 décembre et des jours qui l'ont suivie? Une bande de brigands, — quel autre nom leur donner? — avait mis la main sur moi par trahison et, d'un bout du territoire à l'autre, emprisonnait, déportait, fusillait tout ce qui menaçait de lui faire obstacle. Par la plus atroce des dérisions, ces parjures, ces assassins s'intitulaient effrontément les protecteurs des *bons*, chargés de fairé trembler les *méchants*. Ils osèrent bien te faire juge de leur attentat, réclamant pour salaire le droit de me gouverner sans contrôle.

Tu déclaras qu'ils avaient bien agi, que c'étaient là les

hommes qu'il te fallait; tu fis de moi la fable et la risée du monde, en me laissant aux mains de ces infâmes; tu te mis à genoux devant eux : tu y serais encore si les Prussiens n'étaient pas venus.

Ne dis pas que tu as eu la main forcée, que les millions de *oui* qui ont absous le 2 Décembre, acclamé l'empire, étaient des *oui* dictés par la terreur. Ce n'est pas vrai. Ceux qui ont imaginé pour toi cette excuse n'ont pas vu qu'elle était pire encore que la réalité. Non, tu n'es pas si lâche que cela, et par grand bonheur, car ce serait bien là le vrai « mal sans remède. » Si tu as dit : oui, c'est que tu l'as bien voulu ; c'est que cela te convenait de dormir à l'ombre d'un *pouvoir fort*, — tu dois te rappeler le mot, — c'est que tu n'as pas eu, ce jour-là, le sentiment de l'honneur national ; c'est que le cri des victimes sacrifiées à la sécurité des restaurateurs de l'empire était monté en vain jusqu'à toi, et que tu t'es bouché les oreilles pour ne pas en être incommodé.

Il y a une justice. Les peuples, pas plus que les individus, ne sauraient la violer impunément. D'autres, peut-être, en feront l'expérience après toi. Puisse la leçon que tu leur donnes en ce moment leur profiter avant qu'il soit trop tard!

Il est vrai; tu es souverain. Tu peux déléguer ta souveraineté à qui bon te semble, laisser carte blanche aux hommes qui te conviennent, donner force de loi à leurs forfaits en les ratifiant par tes votes. Tu peux cela ; mais ce que tu ne peux pas, c'est d'échapper au châtiment des crimes dont tu auras endossé la responsabilité. Souviens-toi de Rome ; souviens-toi du Mexique; souviens-toi de toutes les iniquités que tu as laissées commettre en ton nom et que tu as acceptées, toi aussi, d'un cœur léger. Souviens-toi de tout cela et cesse d'accuser les traîtres que tu vois partout aux heures de tes revers. C'est toi le premier traître, toi qui, pour dormir tranquille, as livré la patrie, sans y regarder, à tes sauveurs du 2 Décembre. Quand, par égoïsme, on a confié de gaîté de cœur, ses destinées à des hommes sans foi ni loi, reconnus pour tels, de quel droit peut-on se plaindre ensuite si, pour de misérables intérêts, tout personnels, ils vous emmènent aux abîmes, sans y regarder non plus. On devait s'y attendre, et l'on n'a que ce que l'on mérite. Tel peuple, tels chefs.

J'en vois d'ici qui vont se récrier, et qui diront.

Les uns : Je me suis abstenu.

Les autres : J'ai voté contre.

Tous : Nous nous en lavons les mains ; nous n'en étions pas.

Détrompez-vous, mes enfants. Vous en étiez.

Est-ce que le monde peut connaître deux Frances, la vôtre et celle dont le drapeau flottait a Rome? Vous vous complaisez dans le sentiment de fierté que vous inspire le souvenir des grandes choses faites jadis, au nom de la France, par des hommes que vous n'avez jamais vus. Pourquoi refuseriez-vous de vous sentir honteux de ce qui a été fait sous vos yeux, sans vous, je le veux bien, et même malgré vous, mais par la génération dont vous faites partie. Ou cessez d'être Français, ou reconnaissez-vous solidaires de tous les actes de la vie nationale.

Donc c'est à vous tous que je parle, à tous du haut en bas de la société française, pour dire comme vous, car il n'y a, devant moi, ni haut ni bas dans une société de citoyens tous égaux devant la loi, tous souverains au même titre. Il est bientôt temps, si vous avez quelque souci de l'honneur et du salut de la patrie, que vous descendiez en vous-mêmes, et que vous vous demandiez si vous êtes bien les citoyens dont j'aurais besoin pour remonter au rang dont vous m'avez fait descendre par vos choix indignes.

Voilà que vous êtes las des nouveaux maîtres que vous avez nommés, cette fois encore à l'aveuglette, et vous allez croire tout sauvé quand vous en aurez nommé d'autres!

Certes, il faut espérer qu'à ce coup vous y verrez plus clair, et vous n'y aurez pas en vérité grand mérite. Les champions de toutes les dynasties chassées depuis quarante ans, dont vous aviez rempli votre assemblée nationale, vous ont assez donné la mesure de ce qu'ils savent faire pour que vous sachiez de reste à quoi vous en tenir sur leur compte. Que la prochaine assemblée soit républicaine, il le faudra bien, puisqu'il n'y a plus que la république de possible ici. Vous allez donc changer vos représentants. La belle affaire, si vous ne changez pas vous-même! Et quand il sera décidément convenu que vous aurez la république, vous serez bien avancés si, de vos personnes, vous ne devenez pas des républicains! Vous me traînerez d'expérience en expérience, de désastre en désastre, et j'y périrai. Est-ce là où vous avez l'intention d'en venir?

Allons! Jacques Bonhomme, mon ami, puisque tu te dis roi et que tu veux la république, allons! haut la tête et la poitrine en avant ! apprends ton métier de roi et de républicain. C'est le même. Un peuple républicain est un peuple roi.

Apprends à considérer les affaires publiques comme affaires qui te regardent, comme affaires personnelles dont il est insensé de se désintéresser. Apprends la loi qui doit te régir et que tu ignores trop souvent. Apprends à la respecter d'abord, ensuite à la faire respecter. Apprends à te compromettre pour elle alors qu'il le faut; à ne pas rentrer sous terre quand l'écharpe d'un commissaire de police apparaît dans le lointain, si la loi est avec toi; à te sentir atteint dans ta personne, si on la viole dans celle de ton voisin fût-il un adversaire.

Tous pour un, un pour tous, c'est la devise de la Suisse républicaine. Que ce soit la tienne, si tu veux une France républicaine. Cela y aidera davantage que de crier à tort et à travers : *vive la Républi-*

que ! sans savoir seulement ce que tu cries.

Avant tout, renonce aux sauveurs, de quelque côté qu'il se présentent à toi, aux hommes pour tout faire qui tiennent ton bonheur entre l'index et le pouce, comme aux décrets magiques qui te feront grandir d'un pied du soir au matin. Si tu n'es pas toi-même ton gardien, l'artisan de ton bonheur, l'ouvrier de ton progrès, nul ne se trouvera jamais de force à l'être pour toi. Et

sache le bien, se suffire à soi-
même et se passer de sau-
veurs, c'est cela la République
pour un peuple, cela et pas
autre chose. Voilà pourquoi
précisément c'est la forme du
gouvernement la plus noble,
la seule digne d'un peuple qui
se respecte ; c'est celle sous
laquelle il faut le plus travailler. Ne fais pas la grimace;
tu n'as plus le choix.

Et maintenant garde le, ton
suffrage universel, et que
nul n'y touche. Il me coûte
assez cher pour que je ne

veuille pas perdre le fruit amer de ma chûte, son commencement d'éducation. Si c'est ton gage de souveraineté, c'est aussi, à l'heure actuelle, mon gage de relèvement. La solidarité qu'il impose dans tes rangs entre ceux qui savent et ceux qui ne savent pas, entre ceux qui sont déjà citoyens et ceux qui ne le sont pas encore, cette solidarité qu'on méconnaîtrait peut-être si elle n'était pas forcée, l'entraînera, je le sens, dans une voix de progrès au bout de laquelle est un nouvel avenir pour moi.

Rester ce que tu es, et te croire un grand peuple parce que tu l'as été, c'est une illusion qui ne t'est plus permise. Tout a marché autour de toi pendant que tu dormais à l'ombre de ton empire. Tu n'y faisais pas attention, mais tu as bien dû voir, quand est arrivée la catrotrophe, qu'il n'y avait plus qu'une armée au monde pour protéger la Société de Jésus, l'armée française qui lui gardait Rome, et qu'elle n'a pu remplacer. Regarde par dessus toutes tes frontières et cherche un pays où l'on mette un prêtre en prison pour avoir gardé sa soutane malgré son évêque, ou les choses écrites pour le peuple ne puissent pas aller le trouver sans le visa d'une police masquée, qui laisse circuler l'ordure et arrête au passage les idées. Personne ne t'a-t-il dit que, pendant 20 ans, on se sentait respirer l'air de la liberté, dès qu'on mettait le pied hors de la terre de France, et qu'on s'y aperçoit à peine d'un changement depuis que l'empire y a fait place à ce qui finira par être la République? Vas en demander la raison à ceux que tu as envoyés à Bordeaux et qui forment à leur tour la dernière assemblée nationale au monde où Rome soit maîtresse.

Prends y garde. On ne s'attarde pas ainsi sans en porter la peine dans un siècle où le mouvement en avant se précipite partout, et le temps est passé où tu pouvais. vivre sur ton vieux renom de peuple libre et fort, plus libre du moins et plus fort que tes voisins.

Ce que tu as derrière toi maintenant, tu le sais trop bien pour que j'aie besoin de te le dire. C'est une pensée bonne à garder au fond de l'âme, qu'il faut laisser le moins possible s'évaporer en paroles.

Ce que tu as devant toi, si tu ne te décides pas à te

mettre résolûment en mar-
che, je te le laisse à deviner.
C'est une pensée qu'il vaut
mieux écarter : cela n'arri-
vera pas.

Rappelle toi seulement
que tu as un ennemi qui te
guette, un ennemi qui n'est
pas rassasié de vengeance et
de butin, et qui ne te fera
pas de quartier si tu lui
donnes prise une seconde
fois, parce qu'il est encore
jaloux, parce qu'il a encore
peur de toi, parce que ses
maîtres ont besoin de la

haine entre vous pour le tenir en bride, et qu'ils profi-
teront de tout, pour la ren-
dre implacable.

Ils n'y auront, hélas! que
trop de facilité!

Rappelle toi cela, Jacques
Bonhomme, et use de ta
souveraineté, sérieux et re-
cueilli, le salut de ta France
sans cesse et uniquement
devant les yeux.

Malédiction sur ceux qui
regardent ailleurs!

FIN

TABLE

L'ÉDUCATION NATIONALE
Bulletin des Écoles et des Familles

Abonnement : 5 fr. par an

VICTOR JUHLIN, INSTITUTEUR

99, rue de l'Ouest

Brœunig-Dameron, instituteur

17 BIS, RUE AMÉLIE, 17 BIS

LE PROGRÈS DES COMMUNES

JOURNAL RÉPUBLICAIN

PARAISSANT A LIBOURNE

LE DIMANCHE ET LE JEUDI

Un an .... 15 fr.
Six mois .... 8 fr.
Trois mois .... 4 fr.

BIBLIOTHÈQUE FRANKLIN
à 25 cent. le volume

—

M. le Maire de la ville du Hâvre vient d'adopter les publications de la Bibliothèque Franklin, pour les distributions de prix des écoles communales.

Cette mesure avait déjà été prise par la ville de Bordeaux.

Le ministère de l'instruction publique a également souscrit à la Bibliothèque Franklin, pour les bibliothèques scolaires.

LE XIXe SIÈCLE

Journal républicain conservateur

2, rue Drouot, 2

Rédacteur en chef : EDMOND ABOUT

Collaborateurs : Francisque SARCEY, E. SCHNERB,
E. LIÉBERT, G. LAFARGUE, etc., etc.

ABONNEMENTS :

Un an... 54 »
Six mois..................................... 27 »
Trois mois 40 50

Contraste insuffisant

NF Z 43-120-14

9 782013 363433